WAS IST BALKANFORSCHUNG? STANDORTBESTIMMUNG EINES FORSCHUNGSFELDES

VORTRAG AN DER ÖAW AM 13. OKTOBER 2017

ÖAW

WAS IST BALKANFORSCHUNG? STANDORTBESTIMMUNG EINES FORSCHUNGSFELDES

OLIVER JENS SCHMITT

„Les Balkans n'existent pas" – einen Band mit diesem Titel hat vor Kurzem eine Gruppe Schweizer Osteuropawissenschaftler vorgelegt, es ist ein Titel, der provozieren soll. Die Wissenschaftler nahmen Bezug auf den Titel des Schweizer Pavillons auf der Weltausstellung in Sevilla 1992, „La Suisse n'existe pas", der damals heftige Debatten entfacht hat, welche letztlich in eine verstärkte Identitätspolitik auch linksorientierter Kräfte geführt haben. Wer 2016 die Nichtexistenz des Balkans postuliert, fügt sich, freilich etwas epigonal, in eine poststrukturalistische Debatte ein, die im letzten Vierteljahrhundert die sogenannte Raumwissenschaften beschäftigt hat. Nach dem Ende des Kalten Krieges war davon besonders die geistes- und sozialwissenschaftliche Beschäftigung mit Osteuropa betroffen. War der Gegenstand nicht obsolet geworden angesichts der (Wieder-) Vereinigung des Kontinents? War der „Osten" nicht einfach ein Konstrukt, das eines Feindbildes obendrein? Der Begriff „Balkan" und die Balkanologie wurden in besonderem Maße von dieser Debatte erfasst. Das traumatische Erlebnis des blutigen Zerfalls Jugoslawiens und dessen Deutung in westlichen Medien – und zwar je weiter vom Schauplatz entfernt, desto intensiver – als „Balkankrieg", dessen Wurzeln in angeblichen kulturellen Besonderheiten des Balkans und seiner Bewohner lagen, ließen die wissenschaftliche Verwendung des Begriffs fragwürdig erscheinen. Auch der oftmals parallel und sinngleich verwendete Begriff „Südosteuropa" geriet als Raumkonstrukt mit essenzialisierender Tendenz in Kritik. 1996 erschien Maria Todorovas „Imagining the Balkans", deutsch als „Erfindung des Balkans" übersetzt, ein Werk, das die Orientalismustheorie Edward Saids auf den Balkan übertrug. Als Ergebnis der Analyse schälte sich heraus, dass der Balkan Europas böses Vorurteil sei, die Konstruktion eines negativen Alter Ego, auf das der Westen Klischees von Gewalt und barbarischer Rückständigkeit projiziere; als Halborient komme dem Balkan nicht einmal der Vorzug romantischer Exotisierung zugute wie etwa der islamischen Welt. Der Begriff „Balkan" sei daher als Konstrukt, das den Südosten des Kontinents aus europäischen Zusammenhängen bewusst ausschließe und diskriminiere, abzulehnen. Die Lektüre des Textkorpus, das dem Werk zugrunde liegt, wirkt bedrückend; und in den 1990er-Jahren gab es tatsächlich Tendenzen, dem Balkan seine Europäizität abzusprechen. Freilich kamen diese eher aus Ostmitteleuropa, das in die EU strebte und seine Rückkehr nach Europa nicht durch den Ballast der jugoslawischen Zerfallskriege gefährden wollte.

Der einflussreiche ungarische Kulturhistoriker Jenő Szűcs etwa entwickelte die Theorie, der Balkan sei durch die osmanische Eroberung im Spätmittelalter aus der europäischen Geschichte herausgefallen. Da überdies amerikanische Medien die Vorstellung von Stammeskriegen auf dem Balkan verbreiteten, stieß die fulminante Kritik am Balkanismus des Westens auf begeisterte Zustimmung in der Region selbst und darüber hinaus. Der Balkan als heuristisches Konzept schien erledigt, nur die Diplomatie sprach vom Westbalkan, wenn sie das frühere Jugoslawien und Albanien bezeichnen wollte – einen Ostbalkan gab es freilich nicht, da dafür keine

außenpolitische Notwendigkeit bestand.

Zwanzig Jahre nach der großen Raumdebatte um den Balkan hat sich die Perspektive verändert. Vor Kurzem wurde an der Österreichischen Akademie der Wissenschaften am Institut für Neuzeit- und Zeitgeschichtsforschung ein Forschungsbereich „Balkanforschung" eingerichtet. Die Verwendung des Begriffs „Balkan" erfolgte dabei ganz bewusst.

Die folgenden Ausführungen legen zunächst dar, welche Kritik gegenüber der Balkanismuskritik vorzubringen ist und welche spezifischen wissenschaftsgeschichtlichen Wiener Traditionen die Verwendung des Begriffes „Balkan" erklären. In einem weiteren Schritt wird dargelegt, wie eine geistes- und kulturwissenschaftliche Balkanforschung ihr Selbstverständnis definiert und welchen Themenfeldern sie sich zuwendet.

Die Kritik gegenüber der Balkanismuskritik lehnt sich zu Teilen an die Kritik am Said'schen Theoriekonstrukt an: Ein Textcorpus aus Reiseberichten und Medientexten wird deutlich stärker von Klischees geprägt sein – und zwar zu wohl allen Weltgegenden – als eine Analyse wissenschaftlicher Arbeiten;

die Forderung nach Dekonstruktion einer Region wie des „Balkans" geht oftmals Hand in Hand mit der Konstruktion eines Westens, den es in monolithischer Geschlossenheit ebenso wenig gibt wie das inkriminierte Raumkonstrukt; schließlich sind Theoriebildungen zu historisieren, ihre Proponenten in einen gesellschaftlichen und politischen Kontext zu stellen.

Die Dekonstruktion des Raumkonzepts „Balkan" ließ als räumliche Deutungskategorie nur den Nationalstaat übrig. Freilich wurde dies so explizit nicht formuliert. Der Nationalstaat auf dem Balkan ist nun aber deutlich jünger und in seiner behaupteten ethnischen Homogenität artifizieller als ein Raumkonzept „Balkan", das, wie noch auszuführen sein wird, Kulturkontakte und grundlegende gesellschaftliche Strukturgemeinsamkeiten aus einer jahrtausendealten imperialen Überschichtung ableitet. Der Vorwurf des Balkanismus operiert mit einem antiwestlichen Ressentiment, das in jenen kommunistischen Elitekreisen Bulgariens gepflegt wurde, aus denen die Verfasserin des oben erwähnten Werkes stammt. So legitim es in den 1990er-Jahren aus bulgarischer Sicht war, westliche Vorurteile gegenüber dem Balkan als Hindernis auf dem Weg in die EU zu betrachten und zu bekämpfen, so bemerkenswert und für das Verständnis bedeutsam ist es, dass diese Debatte in ihrer politischen und nicht rein wissenschaftlichen Dimension zu verstehen ist.

Ganz untergegangen ist ferner, dass „Balkan" nicht ein rein von außen entwickeltes Raumkonzept ist. Im Gegenteil, die meisten Balkanstaaten sowie die Kommunistische Internationale bedienten sich eines positiven Balkanismus, um politische Ziele durchzusetzen. Vorstellungen von einem den ganzen Balkan umfassenden Föderalstaat wurden seit dem ausgehenden 18. Jahrhundert immer wieder formuliert und entwickelten sich zu Beginn des 20. Jahrhunderts zu einer Kernforderung der Sozialisten, dann Kommunisten, in der Region: Die Überwindung nationaler Gegensätze und politischer Zersplitterung sollte mit einer sozialen Revolution verbunden werden. Ziel war ein sozialistischer Bundesstaat.

Die Balkanstaaten selbst entwickelten besonders nach 1918, also nach dem Zusammenbruch der großen Imperien, hegemoniale Raumvorstellungen, die mit dem Balkanbegriff operierten, so das serbisch dominierte erste Jugoslawien oder das Königreich Großrumänien. Der „Balkanmensch", den Wissenschaftler in Belgrad konzipierten, entsprach jenem dinarischen Typus, den Jovan Cvijić, in Wien ausgebildeter Vordenker serbischer Geopolitik (und maßgeblicher Akteur bei den Pariser Friedensverhandlungen), entworfen hatte. Er fand sich südlich der Donau und sollte eine serbische Hegemonie am Balkan (freilich ohne Griechenland und Rumänien) wissenschaftlich untermauern. Bukarest hingegen legte den räumlichen Schwerpunkt seines Balkanismus auf den Osten der Halbinsel und betonte das altbalkanische Element als kulturelles Substrat: Nach dieser Logik waren nicht die erst im Frühmittelalter zugewanderten Südslawen, sondern die romanisierten Nachfahren paläobalkanischer Gruppen das eigentliche Grundelement balkanischer Kultur.

Der nach 1918 von der Kommunistischen Internationale propagierte Balkanföderalismus verschrieb sich im Sinne des bolschewistischen Internationalismus dem Ziel eines multiethnischen Balkans gleichberechtigter Völker und forderte eigene Republiken für die besonders gemischten Regionen Makedonien, Thrakien und Dobrudscha, die in den Friedensregelungen zwischen Serbien, Griechenland, Bulgarien und Rumänien aufgeteilt worden waren. Freilich verfolgten innerhalb der Komintern die dort dominierenden bulgarischen Kommunisten eine bulgarische Nationalpolitik: Über geplante Räterepubliken sollten diese Gebiete dem Königreich SHS, Griechenland und Großrumänien entzogen werden.

Dieser kurze Durchgang durch innerregionale Balkankonzepte zeigt, dass der Raumbegriff „Balkan" von innen wie von außen konstruiert und politisch aufgeladen wurde. Keinesfalls ist er nur eine Negativfolie westlicher Vorurteile – dies ist er gewiss, aber eben nur als Teilaspekt einer wesentlich komplexeren imagologischen und ideologischen Gemengelage.

Der Beitrag Wiener Gelehrter zur Herausbildung von Raumbegriffen zur Erfassung des südöstlichen Teils Europas ist wesentlicher Bestandteil extraregionaler Raumkonstruktionen. Im zweiten Jahrzehnt des 19. Jahrhunderts arbeitete Bartholomäus Kopitar ein südöstliches Europa heraus – er meinte damit den vielsprachigen Raum südöstlich der österreichischen Grenzen, der damals noch ganz unter osmanischer Herrschaft stand. Der vermeintlich neutrale Raumbegriff überdeckte die politische Zugehörigkeit zum Nachbarimperium. Implizit angelegt war damit bereits das Verständnis von Südosteuropa als politischem Expansionsziel der Donaumonarchie. Für die Konzipierung wesentlicher Kriterien eines Kulturraumes „Südosteuropa" leisteten Kopitar und in seiner Folge Franz Miklosich grundlegende Arbeit: Sprachliche Vielfalt, das Zusammenspiel altbalkanischer und weiterer nicht slawischer (Türkisch, Romani) Sprachen mit den Slawinen sind als zentral hervorzuheben. Südosteuropa (oder: die europäische Türkei) wurde nicht als südslawischer Raum wahrgenommen.

Dies geschah erst gegen Ende des 19. Jahrhunderts, als Miklosichs Nachfolger an Universität und Akademie, Vatroslav Jagić, aus einer breit angelegten Balkanphilologie eine eng geführte und durchaus panslawisch aufgeladene Südslawistik machte. Das ausgehende 19. Jahrhundert sah die Institutionalisierung einer multidisziplinären Balkanforschung an der Akademie der Wissenschaften und der Universität Wien.

1897 wurde an der Akademie die „Kommission für die historisch-archäologische und philologische Durchforschung der Balkanhalbinsel" eingerichtet, die 1907 in eine linguistische (unter Jagić) und eine antiquarische Abteilung aufgegliedert wurde. Die „Folklore"-Forschung, heute würde man von Anthropologie sprechen, die im Ausgangsprogramm postuliert worden war, wurde nicht umgesetzt. An der Universität baute gleichzeitig Konstantin Jireček, wie Jagić auch an der Akademie aktiv, eine historische Balkanforschung auf, die sich vor allem der Erforschung der mittelalterlichen Institutionen widmete und auf Jahrzehnte hinaus schulbildend wirkte. Im Verbund mit der ungarischen Balkanforschung sowie den Gelehrten im Umfeld des bosnisch-herzegowinischen Landesmuseums in Sarajevo, wo Geschichte, Archäologie, Geographie, Volkskunde und Philologie betrieben wurde, erreichte die Beschäftigung mit der südosteuropäischen Nachbarschaft in der Doppelmonarchie vor 1914 einen Höhepunkt und unangefochten den international führenden Platz.

In der Zwischenkriegszeit änderte sich die Ausrichtung grundlegend. Dies lag an den geringen Ressourcen, die die Erste Republik bereitstellen konnte, am Schwinden kompetenter Kräfte (durch Tod und Abwanderung) und an einer ideologischen Spaltung, die in Wien an Begriffen festzumachen ist. Wie in Deutschland wurde die Forschung zu Südosteuropa zu einem Instrument der sogenannten Volkstums- und Raumpolitik von NS-Prägung.

Die Balkanforschung, die sich auch als solche bezeichnete und bewusst den Begriff „Balkan" verwendete, setzte die multidisziplinäre Forschung zu einem vielfältig geschichteten europäischen Kulturraum fort. Während die sogenannte Südostforschung ehemalige Gebiete der Monarchie mit deutscher Bevölkerung in den Mittelpunkt rückte, setzte sich die Balkanforschung gezielt mit Gebieten auseinander, die, mit Ausnahme Bosniens, nie (länger) unter österreichischer Herrschaft gestanden hatten.

Führende Vertreter dieser Forschungsrichtung wie Nikolaj Trubeckoj, der die strukturellen Gemeinsamkeiten nicht verwandter Balkansprachen als Balkansprachbund herausarbeitete, oder der bedeutende Indogermanist und Albanologe Norbert Jokl fielen dem NS-System zum Opfer. Wenn heute an der ÖAW eine Forschungseinrichtung den Begriff „Balkan" verwendet, so bezieht sie sich auf jene pluridisziplinären Forschungsstränge, die sich nicht der NS-Raumideologie verschrieben hatten.

Diese Ausführungen sollten verdeutlichen, vor welchem wissenschaftsgeschichtlichen Hintergrund der Begriff „Balkan" in reflektierter Weise zu verwenden ist. Eine Begriffsbestimmung ist damit noch nicht vorgenommen. Die räumliche Abgrenzung des Forschungsgegenstandes „Balkan" war Gegenstand jahrzehntelanger Debatten. Während nach Westen, Süden und Osten hin die Grenzen scheinbar feststanden, bestimmt durch eine maritime Geographie (Adria, Ionisches Meer, Ägäis, Schwarzes Meer), scheiterten Versuche, gegen Norden hin einzelne Flussläufe als Trennlinien zu bestimmen.

Als Ergebnis der Diskussion ist festzuhalten, dass die Vorstellung eines diachron abgeschlossenen Raumcontainers, der ein klar abgegrenztes Forschungsobjekt darstellt, obsolet ist und die räumliche Konfiguration vielmehr von der Forschungsfrage her zu bestimmen ist: Zentralungarn unter osmanischer Herrschaft und mit starker Einwanderung muslimischer und orthodoxer Südslawen ist zwischen 1541 und 1688 viel stärker in balkanischen Zusammenhängen zu betrachten als etwa das hochmittelalterliche Ungarn. Süditalien mit seinen griechischen und ab dem Spätmittelalter auch albanisch-orthodoxen Bevölkerungsanteilen sowie seiner engen politischen Verwobenheit mit dem anderen Ufer des Ionischen Meeres kann im Rahmen einer maritimen Verflechtungsgeschichte nicht getrennt von der Balkangeschichte betrachtet werden. Die Geschichte der unteren Donau ist die Geschichte des Römischen, Byzantinischen und Osmanischen, später des Habsburger- und Russischen Reiches, sie ist Regionalgeschichte und auch Geschichte der eurasischen Steppe. Die Anwendung flexibler Raumgrenzen ist auch nötig, da wesentliche politische und kulturelle Zentren des Balkanraumes wie Venedig, Wien, Triest, Rom, Odessa oder Smyrna außerhalb eines streng geographisch auf die Balkanhalbinsel begrenzten Raumes liegen; Konstantinopel, die eigentliche Hauptstadt des Raumes vom 4. bis zum 20. Jahrhundert, liegt ebenfalls am äußersten Rand der Hämoshalbinsel.

Dieser letztere Aspekt führt zur Frage wissenschaftlicher Betrachtungsformen und disziplinärer Herangehensweisen. Konstantinopel/Istanbul, Venedig, Rom und Wien fungierten nicht nur als politische und kulturelle Hauptstädte, sondern sind überdies wesentliche Gedächtnisspeicher der Balkangeschichte. Innerregional sind für das Mittelalter die Archive des Athos und Dubrovniks entscheidend. Bis zur Entstehung von Nationalstaaten im 19. Jahrhundert sind die meisten Textzeugnisse zur Balkangeschichte an der Peripherie oder außerhalb der Region entstanden. Zu erklären ist dies mit der jahrtausendelangen imperialen Überschichtung des Raumes und der zentralisierten Produktion und Überlieferung von Schriftlichkeit in den jeweiligen Hauptstädten. Das Erbe von Byzanz und des Osmanischen Reiches gilt als konstitutiv für den Balkan. Dies gilt besonders für die Koexistenz von Orthodoxie und Islam bei jahrhundertelanger Dominanz eines islamisch geprägten Imperiums (also anders als in der orthodox-muslimischen Berührung in Moskau). Diese Erkenntnis kann bei allen Kontroversen als Konsens gelten. Daher kommt den imperialen Disziplinen der Byzantinistik und Osmanistik für die Forschungspraxis und die akademische Ausbildung historisch arbeitender Balkanforscher große Bedeutung zu. Für Byzantinisten und Osmanisten bildet der Balkan einen wichtigen Teil der von ihnen erforschten Reiche; der Blickwinkel ist aber in der Regel von den in der Hauptstadt am Bosporus entstandenen Quellen bestimmt.

Eine Regionalgeschichte des Balkans wird in der Osmanistik kaum, in der Byzantinistik meist von regionalen Schulen des Faches mit Blick auf die jeweilige Nationalgeschichte betrieben. Die Balkanforschung verbindet hingegen den innerregionalen mit dem imperialen Blick und definiert die Balkanregion als Hauptobjekt der Forschung. Sie muss aber auch systematisch nach der Stellung des Balkans in den Imperien fragen, um regionalgeschichtlichen Erkenntnissen den richtigen Stellenwert zuzuweisen.

Ein regionaler Blick auf Imperien – oder aus einer imperial überschichteten Region hinaus auf imperiale Zentren und weitere imperiale Räume (im pannonischen, pontischen, anatolischen und nahöstlichen Raum) – bildet eine wichtige Deutungsachse. Eine zweite richtet sich auf jene Phasen, in denen sich aus dem imperialen Erbe eine innerregionale politische Ordnung formte, so nach dem Ende des Römischen Reiches im 7. Jahrhundert, nach der Auflösung der byzantinischen Ordnung ab dem 13. Jahrhundert und in jener postimperialen Phase, die wir seit 1918

erleben. Diesem Aspekt widmen sich primär national definierte Forschungszweige der Albanologie, der südslawischen und rumänischen Nationalphilologien und der Neogräzistik mit einem jeweils unterschiedlich starken komparatistischen Ansatz.

Trotz der erwähnten Versuche einer innerregionalen politisch-kulturellen Organisation, die im Kalten Krieg unter dem Dach der UNESCO erfolgten, ist aber dennoch festzuhalten, dass es oftmals außerregionale Balkanologen sind, die jenseits einer nationalen Engführung größere Zusammenhänge herausarbeiten, so auch Gemeinsamkeiten innerhalb des Balkans und Verflechtungen mit benachbarten Räumen. In den letzten 25 Jahren hat sich die nationale Nabelschau bei aller Europarhetorik sogar noch verschärft. Es ist daher eine besondere Aufgabe balkanologischer Forschung, die genannten Disziplinen, imperiale wie regionale/ nationale, zusammenzudenken und zusammenzuführen.

Für die Forschungspraxis wirft dies enorme Probleme auf, da allein für die sprachliche Bewältigung neben der Kenntnis der sakralen und imperialen Sprachen die der regionalen Sprachen sowie der großen europäi-

schen Quellen- und Wissenschaftssprachen vonnöten ist. Erst auf dieser Grundlage können disziplinäre Blickachsen entworfen werden, die unerlässlich sind für das Verständnis der Region in ihren eurasischen und mediterranen Zusammenhängen. Sprachwissenschaft, Anthropologie und Geschichte gehören dabei zu den Kerndisziplinen des eben an der ÖAW eingerichteten Forschungsbereiches – die an der ÖAW traditionelle Beschäftigung mit der Archäologie des Balkans ist in diesem Zusammenhang hervorzuheben. Diese Trias soll Fragen beantworten, die in den letzten Jahrzehnten in den Hintergrund gerückt sind, da sie nicht die Aktualität betreffen.

Damit ist ein zentraler Punkt von raumorientierter geisteswissenschaftlicher Forschung berührt: ihre vermeintlich notwendige Selbstlegitimierung durch den Verweis auf schwärende Krisen. Die Ost- und Südosteuropaforschung hat im letzten Vierteljahrhundert gleichsam eine tektonische Verschiebung erfahren, ganze Epochen sind aus dem Blickfeld geraten, das sich auf das 20. Jahrhundert und oftmals auf die unmittelbare Gegenwart verengt hat. Im Falle des Balkans reduzierte sich der Blick zudem auf den Westen

OLIVER JENS SCHMITT

der Halbinsel, das frühere Jugoslawien. Balkangeschichte ist räumlich, epochal und kulturell aber weit mehr als jugoslawische Geschichte des 20. Jahrhunderts. Der Balkan ist ein mehrheitlich nicht slawischer Raum; er ist vielmehr paläobalkanisch, ergänzt um Turk- und Romaelemente. Die Jugozentrik hat dies völlig verdeckt und schon das ostsüdslawische Element in den Schatten gerückt. Albanische, griechische, rumänische Elemente wurden aus unterschiedlichen Gründen oftmals isoliert betrachtet. Die Verengung auf gegenwartsnahe Themen zeitigte aber auch methodisch-theoretische Folgen, insbesondere den impliziten Verzicht auf philologische Kompetenz.

Sozial- und besonders politikwissenschaftliche Betrachtungsweisen herrschen vor. Raumwissenschaft definiert sich so als politisch relevant und verwertbar. Geisteswissenschaft soll tatsächlich Orientierung bieten. Dies bedeutet aber nicht, dass sie ihre Themen und Gegenstände nach dem Kriterium der Tagesaktualität wählt. Im Gegensatz zu einer gegenwartsbezogenen Südosteuropaforschung, wie sie derzeit in Westeuropa und Nordamerika betrieben wird, erkundet eine mehrdisziplinäre Balkanforschung die gesamte zeitliche Tiefe

des Balkanraumes von der Antike an. Hier wird an die verschüttgegangene Wiener Tradition eines Carl Patsch angeknüpft – im neuen „Handbuch der Geschichte Südosteuropas" wird unter der Leitung von k. M. I. Fritz Mitthof die Antike wieder in den Zusammenhang der Balkangeschichte zurückgeholt, wenn man dies aus der Perspektive des Faches so formulieren darf. Die Balkanforschung an der *ÖAW* widmet sich in den kommenden Jahren mehreren Fragen der langen Dauer:

– der systematischen Erforschung der zentralbalkanischen Toponomastik als Grundlage einer Migrationsgeschichte.
– der anthropologisch ausgerichteten Erforschung neuerer Migrationsbewegungen zwischen dem Balkan und Mitteleuropa.
– der Untersuchung von Herrschaft und Institutionen im osmanischen Balkan und damit der Frage nach dem Aufbau staatlicher Strukturen und den Ursachen von deren Fragilität. Ein Schwerpunkt liegt dabei auf der Sattelzeit zwischen 1780 und 1830.

In allen Fällen werden Bezüge zu weiteren räumlichen Zusammenhängen hergestellt und die Forschungen

aus einem rein balkanischen Kontext gelöst. Ein derart anspruchsvolles Forschungsprogramm ist nur in breiter internationaler Zusammenarbeit durchführbar. In West- und Mitteleuropa ist die neue Forschungsgruppe die einzige, die sich ausschließlich dem Balkanraum widmet. Strategische Partnerschaften sind mit Forschungszentren in Frankreich, Deutschland, Rumänien und Bulgarien geplant, enge Zusammenarbeit mit den Staaten der Region sowie mit Forschern in Nordwest- und Nordeuropa.

In einem mehrdisziplinären Zugriff soll in Verschränkung imperialer und regionaler Perspektiven der Balkanraum in breiter diachroner Perspektive in eurasische Zusammenhänge gestellt werden – so ließe sich in aller Kürze das Forschungsprogramm umreißen. Angesichts einer derzeit zu beobachtenden Renationalisierung kultureller Deutungsmuster in der Region und einer zunehmend aggressiven Geschichtspolitik Russlands und der Türkei sind Interpretationsmuster, die multiperspektivisch angelegt sind, besonders bedeutsam. Die Berücksichtigung der ganzen sprachlichen und diachronen Vielfalt soll ein Signal an die internationale Forschungslandschaft sein.

„Les Balkans existent" – nicht in der karikaturalen Form von vielen Reise- und Presseberichten aus den letzten Jahrhunderten, sondern als reflektiert verwendete heuristische Kategorie, angepasst den Fragestellungen sowie jeweiligen epochalen politischen und kulturellen Konfigurationen, nicht als fest eingegrenzte ontologisierte Raumeinheit, sondern als offene Deutungskategorie, die es ermöglicht, einen Teil Europas mit besonderer imperialer Vergangenheit und einem (auch) daraus ableitbaren sprachlichen und religiösen Erbe zu untersuchen.

OLIVER JENS SCHMITT

Derzeitige Positionen

– Präsident der philosophisch-historischen Klasse der Österreichischen Akademie der Wissenschaften
– Leiter des Forschungsbereichs „Balkanforschung" am Institut für Neuzeit- und Zeitgeschichtsforschung der Österreichischen Akademie der Wissenschaften
– Professor für Geschichte Südosteuropas an der Universität Wien

Arbeitsschwerpunkte

– Faschismus in Osteuropa (Schwerpunkt Rumänien) im Rahmen der vergleichenden Faschismusforschung; ostmediterrane Stadtgesellschaften im langen 19. Jahrhundert; Gesellschaft und Politik im spätosmanischen Reich; soziokulturelle Entwicklungen im albanischen Balkan (19.–21. Jahrhundert); Gesellschaftsgeschichte des venezianischen Überseereichs; spätmittelalterliche Geschichte des Balkans

Ausbildung

2003 Habilitation für das Fach „Ost- und Südeuropäische Geschichte" an der Universität Regensburg
2000 Promotion an der Universität München
1993–2000 Studium der Byzantinistik, Neogräzistik und Osteuropäischen Geschichte in Basel, Wien, Berlin und München

Werdegang

Seit 2017 Leiter des Forschungsbereichs „Balkanforschung" am Institut für Neuzeit- und Zeitgeschichtsforschung der Österreichischen Akademie der Wissenschaften
Seit 2005 Professor für Geschichte Südosteuropas an der Universität Wien
2010–2014 Vorstand des Instituts für Osteuropäische Geschichte
2014 Socio Straniero dell'Istituto Veneto di Scienze, Lettere ed Arti
2010 Gastprofessor am Collège de France

Weitere Informationen zum Autor finden Sie unter:
https://iog.univie.ac.at/ueber-uns/personal/professoren/oliver-schmitt/